Livros de colorir para adultos vol. 1

40 desenhos relaxantes e que aliviam o estresse

Série de livros de colorir para adultos da
www.ColoringCraze.com

Copyright © 2023 ColoringCraze
Todos os direitos reservados.
ISBN-13: 978-83-67658-13-3
Edição: 4

Teste as suas cores aqui

Misture as suas cores aqui

MISTURAR MISTURAR MISTURAR

MISTURAR MISTURAR MISTURAR

MISTURAR MISTURAR MISTURAR

www.ColoringCraze.com

Teste as suas cores aqui

Misture as suas cores aqui

MISTURAR   MISTURAR   MISTURAR

MISTURAR   MISTURAR   MISTURAR

MISTURAR   MISTURAR   MISTURAR

www.ColoringCraze.com

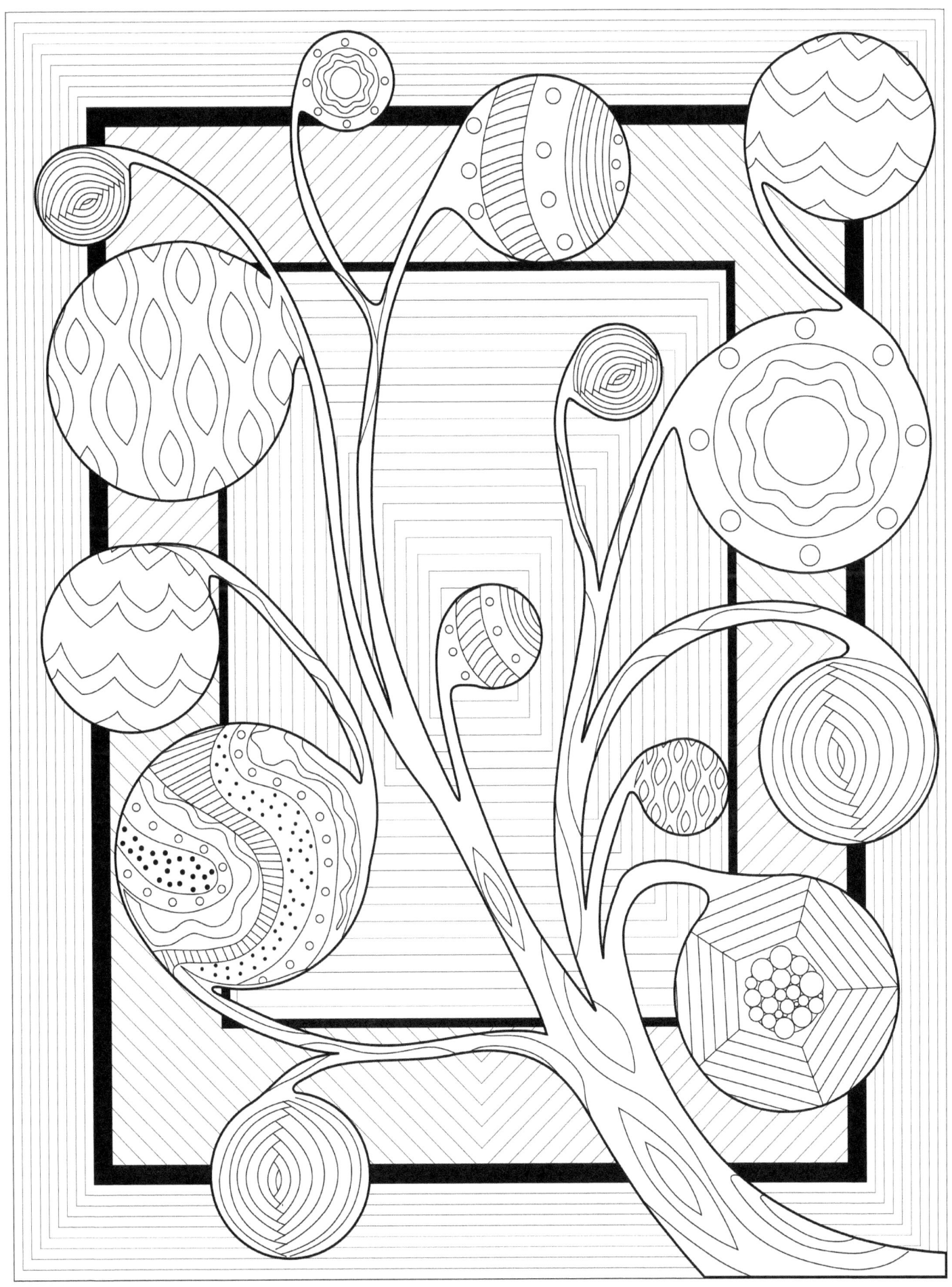

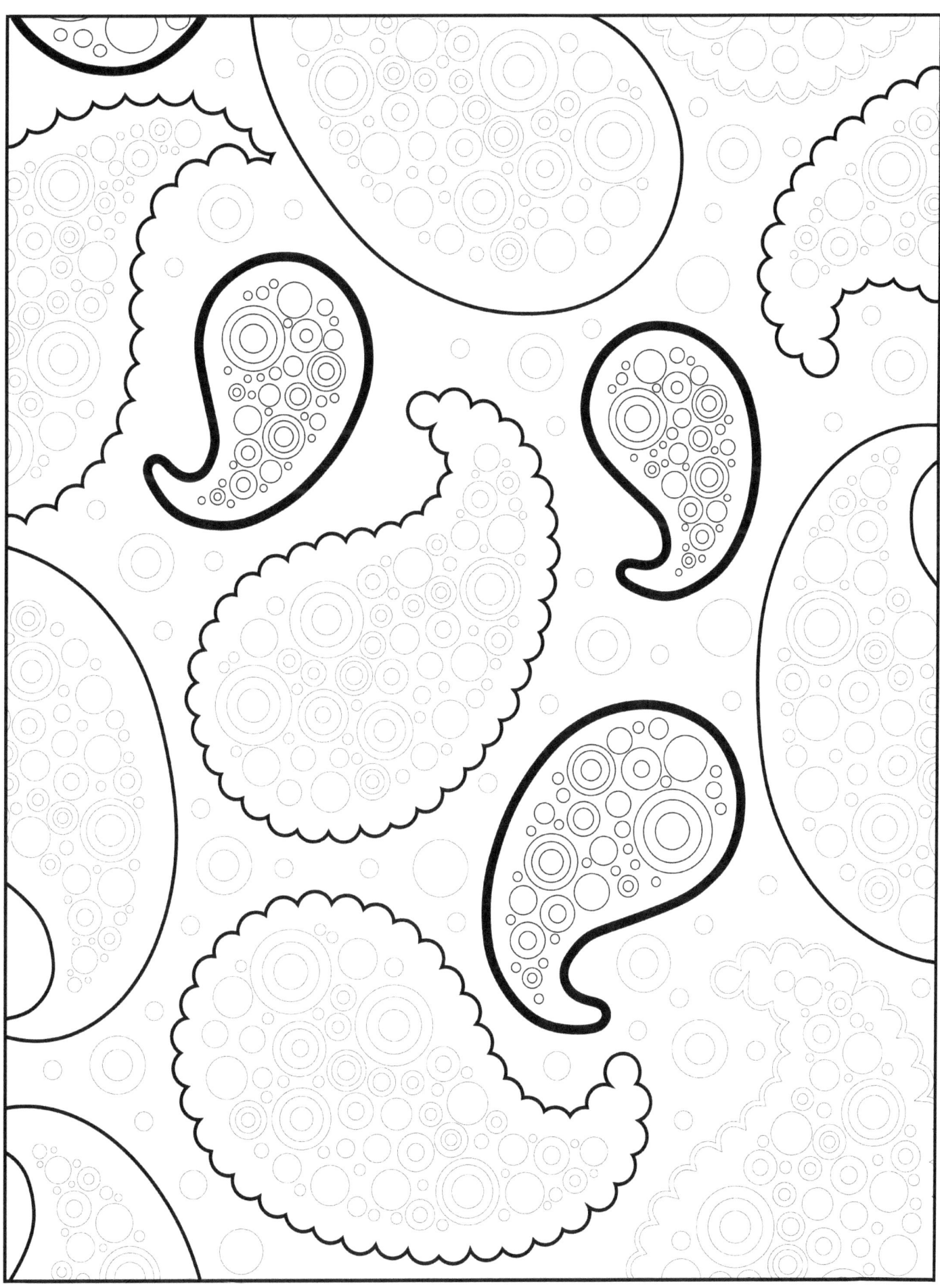

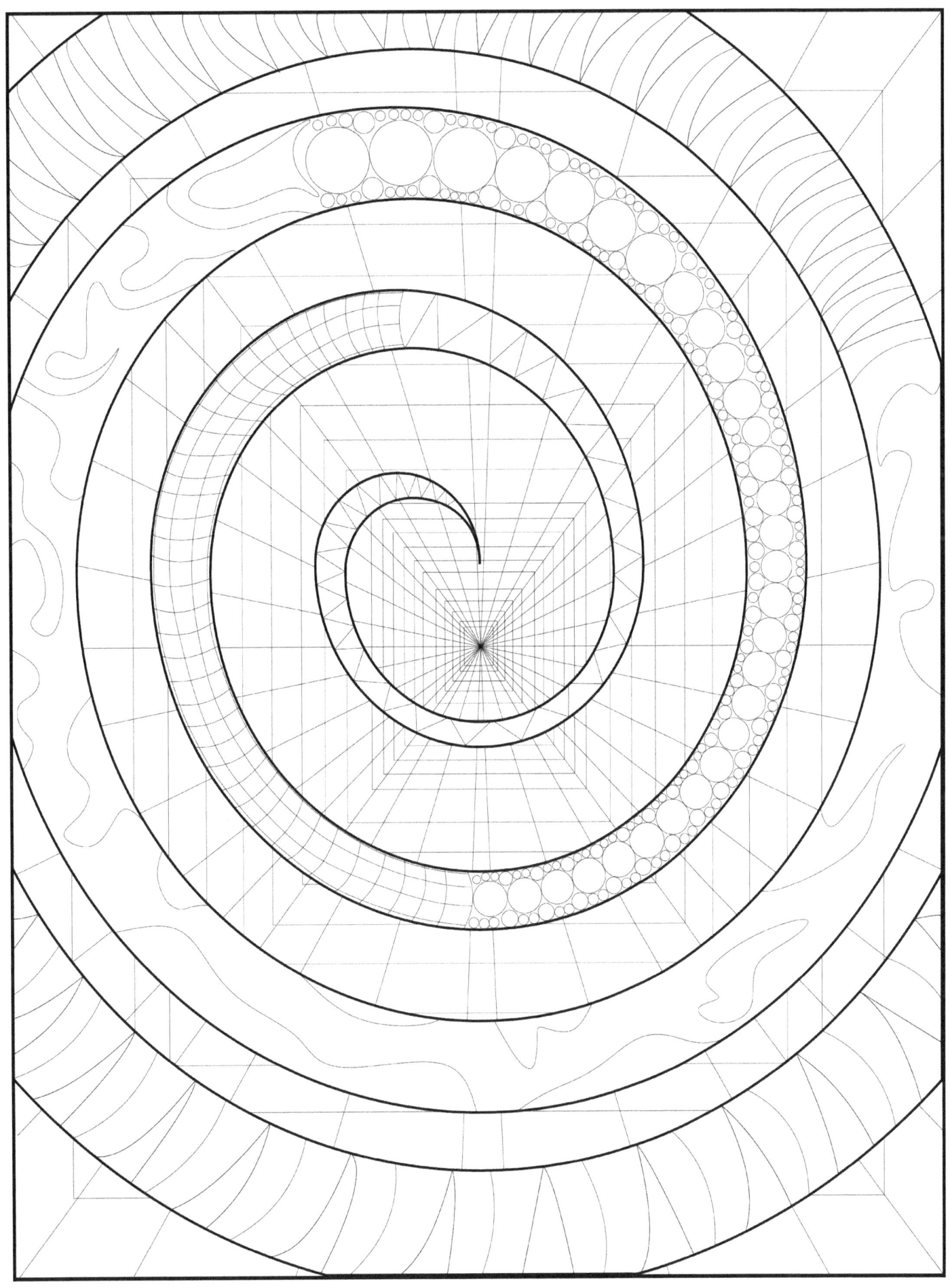

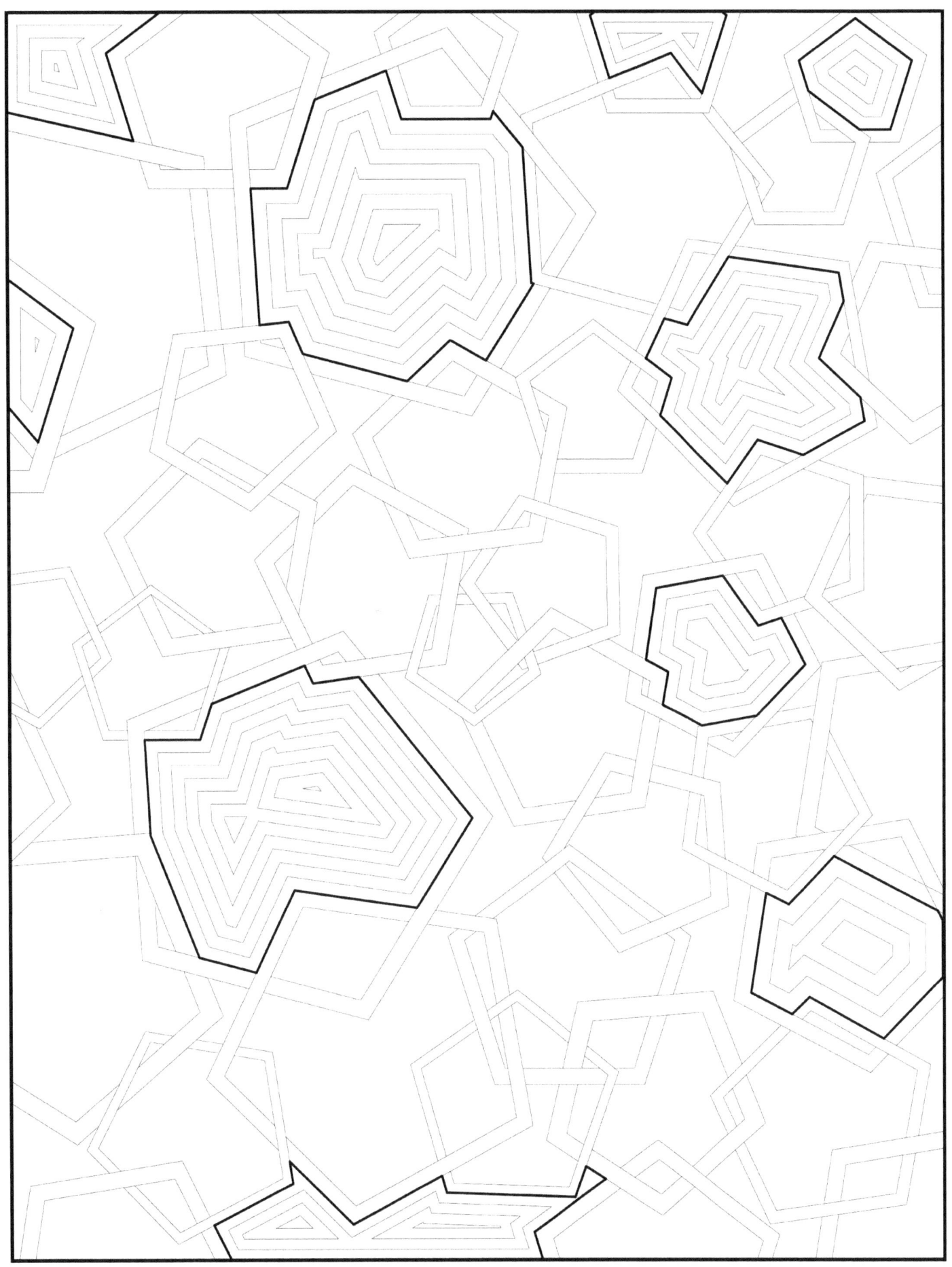

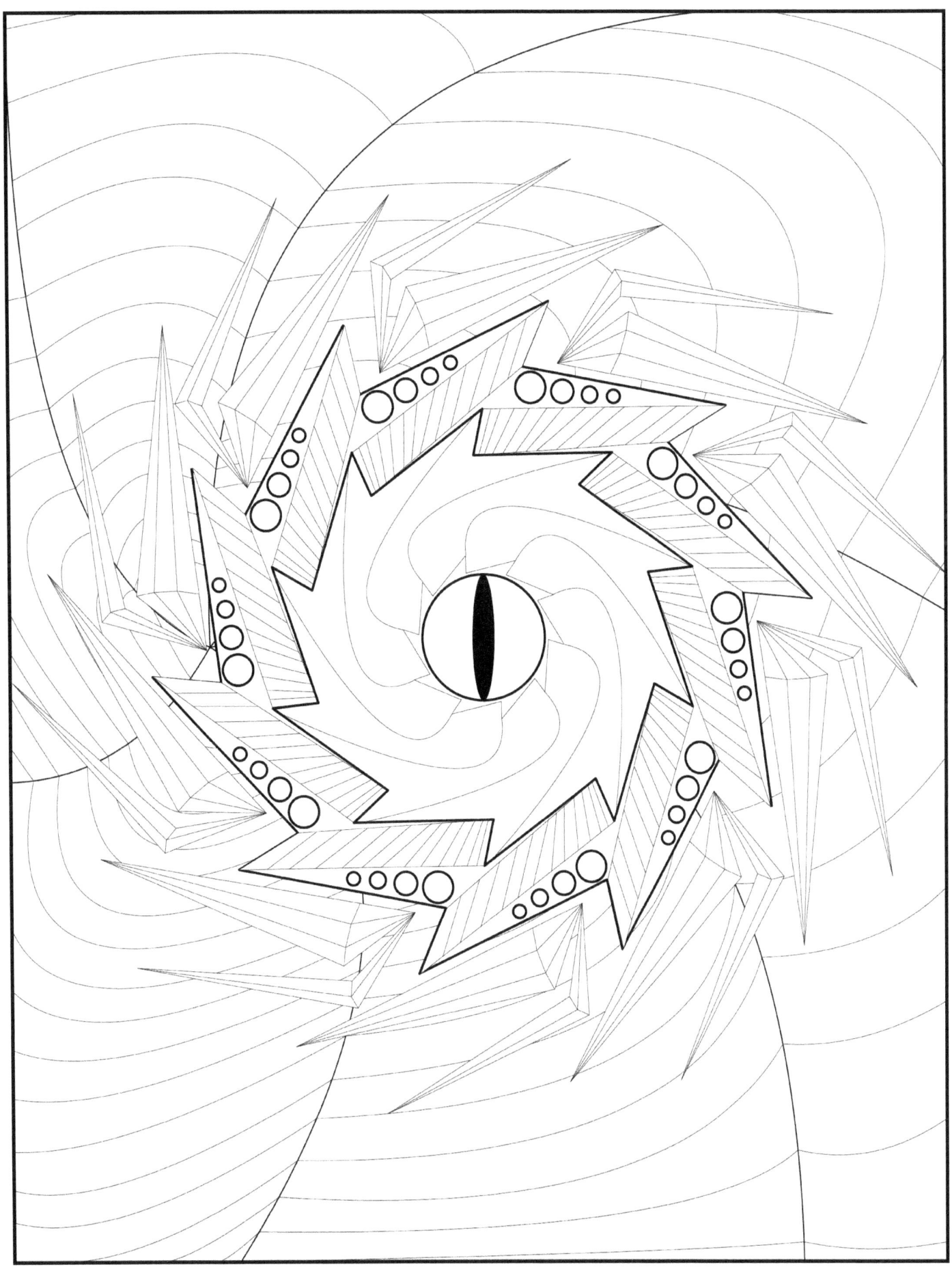

DO AUTOR

Obrigado por colorir o nosso livro!
Espero que tenha sido uma experiência relaxante e você tenha se divertido bastante.

Gostaria de pedir um *pequeno* favor. As avaliações dos livros são muito importantes para os outros entusiastas que, assim como você, gostam de colorir. Caso tenha um minuto, peço a gentileza de que deixe um comentário sobre o nosso livro aqui:
www.coloringcraze.com/**avaliacao1**

Isso ajudará os clientes a tomar uma decisão e seu feedback será inestimável para os nossos ilustradores ☺

Todos os nossos livros estão disponíveis aqui: www.coloringcraze.com/**todos-livros**

Obrigado!